Gaming Quest

Mach dieses Videospiele-Buch fertig

Challenges für Gamer

Powered by Gaming Nonsense

Menü

Vorspann

Bade mit Geralt, spring wie Super Mario, schaffe es zu Half-Life 3, sammle Blumen wie in Animal Crossing, entwirf einen eigenen Gaming-Controller, löse Rätsel, grabe wie in Minecraft und mach ganz nebenbei das Buch fertig. Yep, im wahrsten Sinne des Wortes und doppeldeutig.

Gaming Quest nimmt Dich mit auf eine Reise quer durch die Welt der Videospiele zum Stressabbau, zur Entspannung und zum Rätseln. Sei kreativ, nimm das Buch möglichst überall mit hin und erledige unterschiedlich schwierige Quests. Diese können sehr simpel, anspruchsvoll, witzig, verrückt und komplett sinnlos daherkommen.

Doch Achtung: während des Abenteuers wirst Du wahrscheinlich fluchen, dreckig werden, irgendwelche Substanzen verschmieren, den Sinn dieses Buches hinterfragen, vielleicht sogar mit Eiern um Dich werfen und viele merkwürdige Dinge tun, nur um irgendwas zu zerstören, zu bekämpfen, abzuschließen oder auch Spaß zu haben.

Dieses Buch ist dafür da, damit Du Dich abreagieren kannst, mal eine Pause machst – auch von der virtuellen Welt - und um Deine Kreativität zu entlocken. Daher solltest du dieses Buch nicht verschonen.

Bilder-Hinweis

Die in diesem Buch verwendeten Bilder wurden entweder lizenziert oder exklusiv für dieses Buch erstellt. Alle Bilder, darunter auch Figuren bekannter Videospiel-Reihen, zeigen kein offizielles Material, sondern extra von Grafikern sowie vom Autor erstellte Inhalte, die Abweichungen zum Original aufweisen.

Die Grafiken sind darüber hinaus zum Großteil absichtlich pixelig gehalten, um einen gewissen Retro-Charme einzufangen.

Die Seiten von Gaming Quest wurden zudem nur auf der **rechten Seite** bedruckt. Aber nicht etwa, um das Buch dicker erscheinen zu lassen, sondern darauffolgende Seiten würden bei einigen Aufgaben in Mitleidenschaft gezogen werden. Und warum nicht jede Seite eine **Seitenzahl** aufweist, findest Du im Buch selbst heraus.

Und die fehlende Farbe? Da die Projekte rund um Gaming Nonsense ohne Verlag realisiert und in Eigenregie veröffentlicht werden, würden farbige Seiten deutlich mehr kosten. Entsprechend müsste das an die Leser weitergegeben werden, was ich aber nicht möchte.

AUCH ALS HÖRBUCH

Erhältlich u.a. bei audible an amazon company iTunes

GAMERTAG

Wie nennst Du Dich?
Schreibe den Namen aber <u>nicht</u> mit Deiner Schreibhand.

Wähle Deinen Charakter

Zeichne oder kritzle Dir Deinen eigenen Helden. Oder klebe Dein eigenes Foto auf.

Wie würde Dein Leben als Videospiel heißen?

Schreibe den Titel und einen Untertitel auf.

Gestalte Dein eigenes Spiele-Cover.

TUTORIAL

Die Art und Weise, wie Du Dich den einzelnen Aufgaben in Gaming Quest näherst und in welcher Reihenfolge Du sie erledigst, liegt ganz in Deiner Hand.

Gaming Quest ist ein interaktives Buch, bei dem jede rechte Seite eine einzigartige Quest bereithält. Diese Quests sind so gestaltet, dass sie auch manchmal je nach Thema und Situation auf unterschiedliche Art und Weise gelöst werden können.

Hier geht es nicht nur strikt darum, einfache Aufgaben abzuhaken, sondern um Deine kreativen Fähigkeiten zu nutzen, die Herausforderungen zu meistern und neue Wege zu entdecken.

Da dies ein Tutorial ist, fangen wir erst einmal leicht an. Reiße die Seite heraus und mache mit ihr, was Du willst. Die brauchst Du jetzt nicht mehr.

Super, Du hast soeben die erste Quest erledigt. War doch gar nicht so schwer, oder? Da Du offenbar ein Naturtalent bist, überspringen wir einfach das restliche Tutorial, damit Du direkt loslegen kannst.

Aber vorher malst du dem Pac-Man-Geist zum Aufwärmen einfach noch ein paar Haare auf den Kopf.

LARRY LAFFER HAT ES ENDLICH GESCHAFFT! VERTEILE AUCH DU VIELE KNUTSCHER. (GEHEIMTIPP: LIPPENSTIFT MACHT SICH GUT)

Nutze diese Seite zum Testen verschiedener Stifte.

Trommle mit zwei Stiften auf die Seite wie bei einem Schlagzeug und hinterlasse Spuren.

KNÜLLE DIE SEITE ZUSAMMEN UND VERSUCHE DEN PAPIERKORB ODER IRGENDETWAS ANDERES ZU TREFFEN.

Du hast heute in Stardew Valley hart gearbeitet und viel Obst und Gemüse geerntet. Mache Deine Hände mit Erde dreckig und wische sie an dieser Seite ab. Mach sie ordentlich dreckig!

Schneide den Schnauzer von Super Mario aus und klebe ihn Dir ins Gesicht.

Die Ninja Turtles haben ihre Pizza liegen lassen. Nutze das Buch als Teller und lege dein fettiges Stück Pizza drauf.

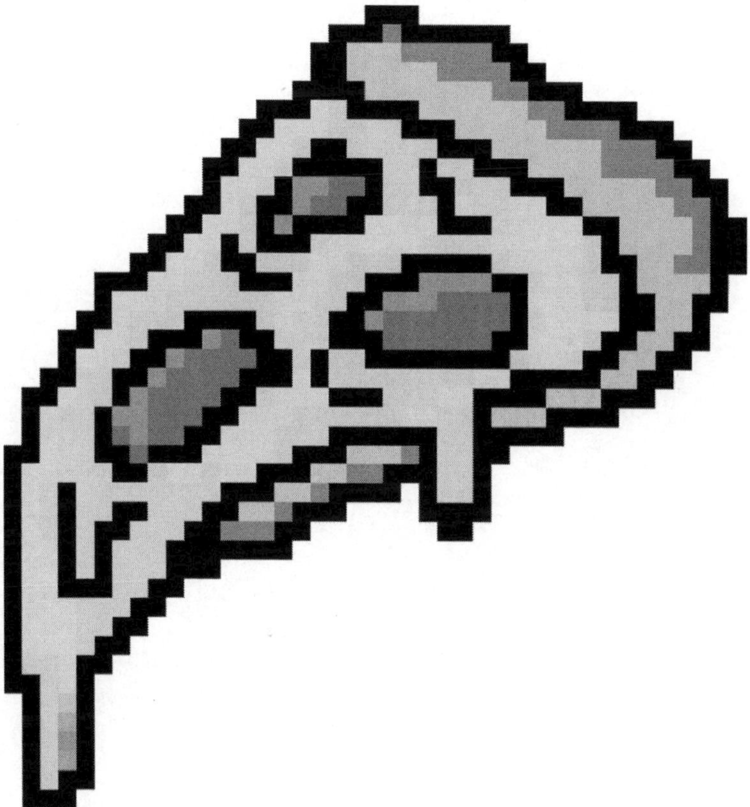

Du hast ein Goldstück gefunden. Prüfe die Echtheit und rubble kräftig für eine Minute eine Münze auf dieser Seite entlang.

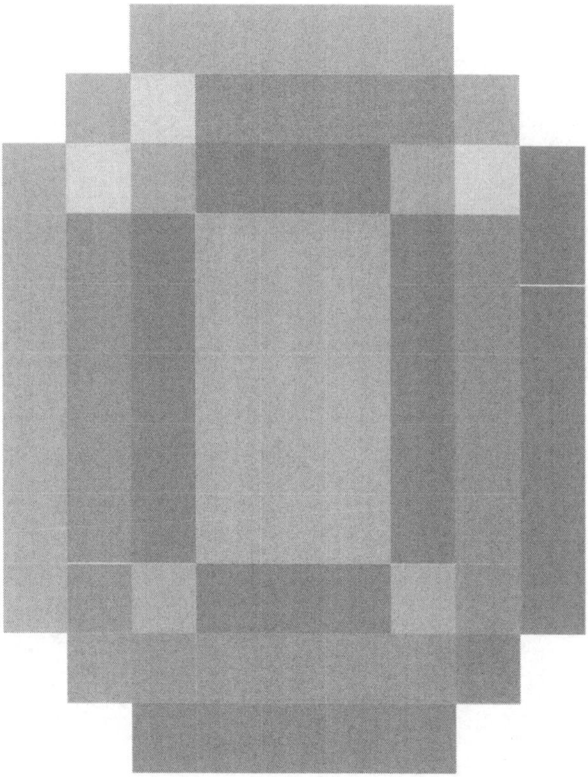

Drücke diese Seite ins Gras.

Und diese Seite ins Wasser.

Spring auf dem Gumba herum!

Werfe das Buch so hoch wie möglich.

WAS MACHT DIR **ANGST?** FÜLLE DIESE SEITE DAMIT!

Welch **Sauerei** Cooking Mama hier veranstaltet hat.

Verkleckere dein Essen!

Klebe ein Foto von Dir auf, das Dich während dem Zocken zeigt (Selfie geht auch).

Nimm das Buch mit ins

BETT.

Schreibe hier evtl. Deinen Traum auf.

Do A Barrel Roll

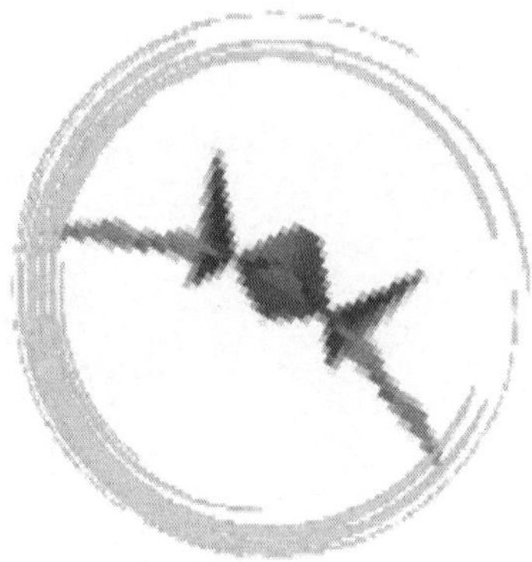

Zeichne so viele Kreise wie möglich.

Du hast keinen Regenschirm dabei?

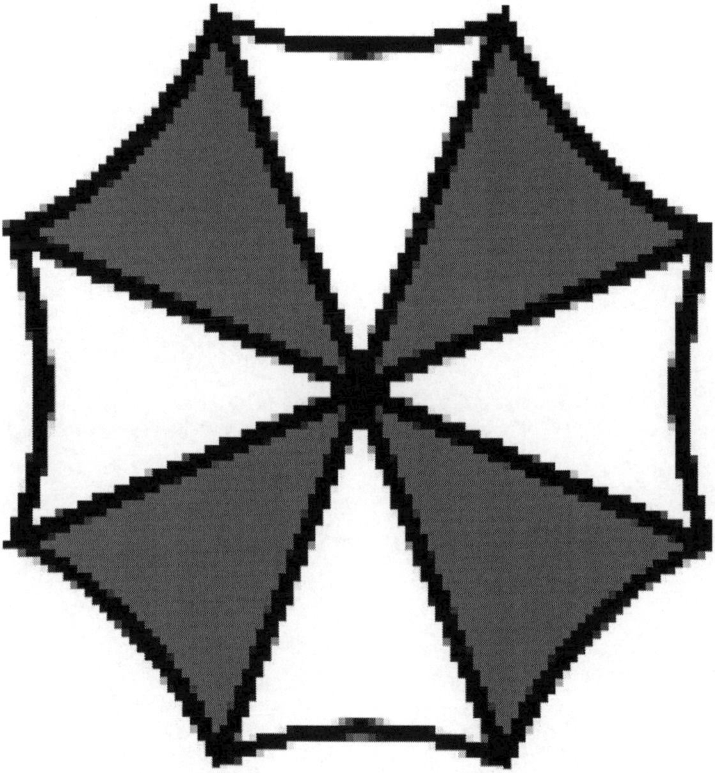

Da Du das Buch ohnehin immer bei Dir trägst, hälst Du Dein Haupt damit trocken.

Ziehe etwas Schleimiges über die Seite.

Erledige die Sidequests

- [x] Fange dieses Buch an.
- [ ] Upgrade Deine Rüstung (neue Klamotten).
- [ ] Zocke mal wieder ein Game durch.
- [ ] Gehe auf ein Real-Life-Abenteuer.
- [ ] Organisiere Dein Inventar neu (aufräumen).
- [ ] Erhöhe Deine Ausdauer (Sport machen).
- [ ] Trete einer Gilde bei (Freunde treffen).
- [ ] Erkunde Neues in Deiner Open World (Natur).
- [ ] Lerne eine neue Fähigkeit.
- [ ] Hilf jemandem für positives Karma.
- [ ] Power-up: So 'ne kalte Dusche gibt echt Kraft.
- [ ] Besorge Dir ein neues Item.
- [ ] ______________________________
- [ ] ______________________________
- [ ] Mach dieses Buch fertig.

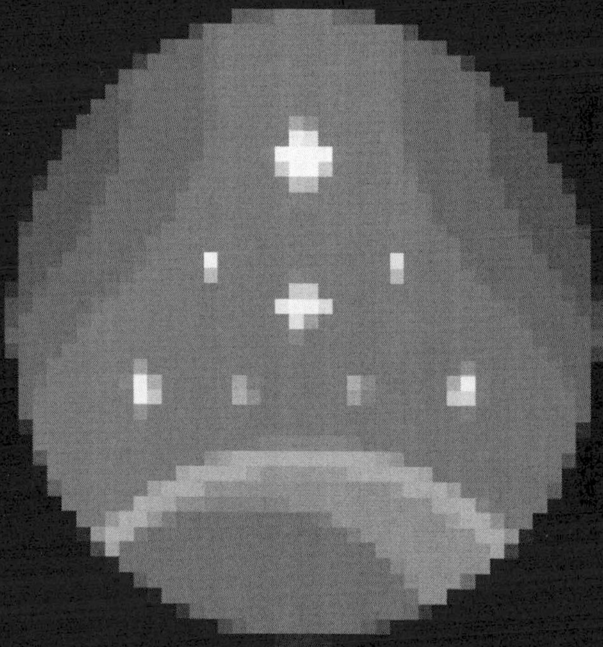

Du bist Teil der Constellation.

Überklebe diese Seite mit Dingen der jetzigen Zeit und
verstecke sie für die Nachwelt.

Loading...

Sorry, es muss erst ein Patch installiert werden, bevor Du weitermachen kannst. Zeit für unnützes Wissen!

Wusstest Du? Zwar wurden Spiele schon in den Achtzigern und Neunzigern durch manuelle Updates aktualisiert, doch den allerersten Download-Patch hatte das XBOX-Spiel Unreal Tournament.
Das Update behob Performance-Probleme und steht sogar im Guinness Buch der Rekorde.

Mach diese Seite so **KLEIN** wie möglich.

**Simon Belmont hat Kerzenwachs verkleckert.
Du auch.**

Klettere wie unser Held auf einen steilen Hang (sei aber vorsichtig) und lasse das Buch von ganz oben herunterpurzeln oder fallen.

Male das Chocobo **gelb** aus.

Nutze nur deine **Füße** dazu.

Schlage

auf das Buch ein.

Verstecke

irgendwo

im Buch

eine

geheime Nachricht.

Du hast im Wasteland eine undefinierbare braune Flüssigkeit gefunden. Bäääh, eine Nuka Cola schmeckt anders und Du spuckst sie wieder aus. Dabei erwischst du versehentlich diese Seite.

Male einen lustigen Gegner mit einer dunklen Flüssigkeit.

Nutze die Seite als Einkaufsliste.

Hier sammelst Du die Kassenbons.

ENTSPANN' MAL

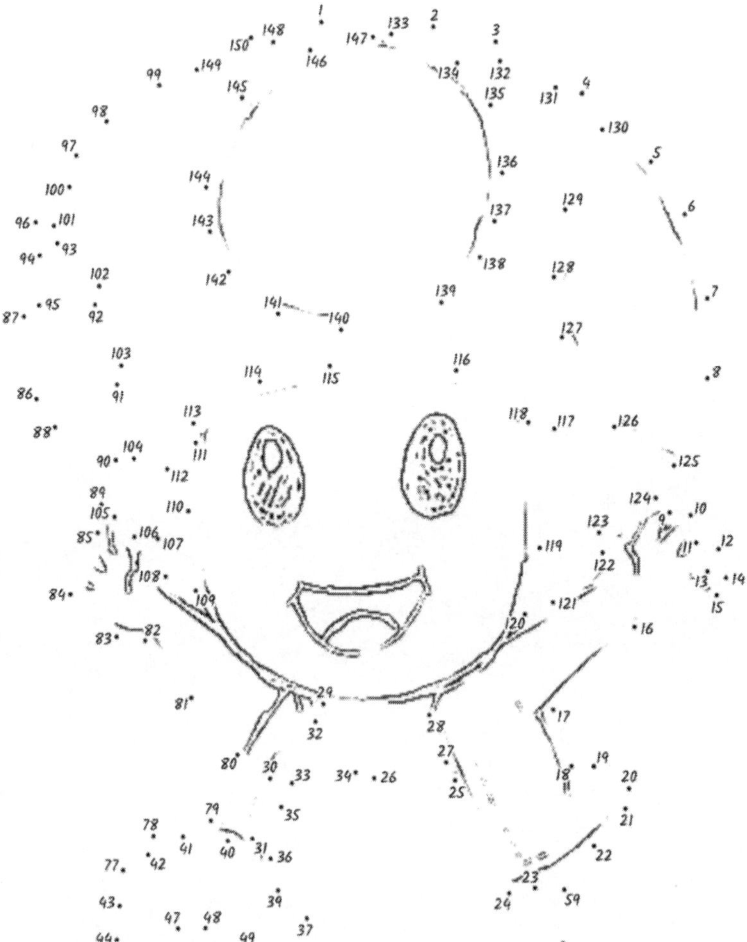

Nummeriere jede Seite ohne Zahl auf kreative Art.

Presse Blätter, Blüten und Co. zwischen die Seiten.

P.S. Das Trocknen kann 2 bis 3 Wochen dauern.

Das ist natürlich ein Easter Egg. Mach was draus!

P.s. Als Easter Egg bezeichnet man etwas Verstecktes in Spielen oder auch Programmen, was etwa Sprüche, Witziges, Minispiele, Fotos, Grüße, ein zusätzliches Level, Anspielungen und vieles mehr sein können.

Beiße ein Stück von der Seite ab!

Aber nicht verschlucken!

Lasse verschiedene Personen hier unterschreiben.

Lara Croft

Solid Snake

John Shepard

DER SCHUSSELIGE GUYBRUSH THREEPWOOD HAT VERSEHENTLICH DEN AFFEN MIT ANGEZÜNDET. MACHE GENAU DAS!

KINDER NUR UNTER AUFSICHT!

Gestalte den Umschlag des Buches neu.

GlaDOS beobachtet Dich.
Klebe beliebige
Zeitungsausschnitte über die
gesamte Seite.

Multiplayer!

Ein zweiter Spieler soll sich an den nächsten zwei Seiten austoben.

Zeichne eine **WAFFE**

Zeichne einen **ENDBOSS**

Reiße irgendjemandem ein *Haar* heraus und klebe es hier auf.

Du hast ein Date mit Commander Shepard.

Parfümiere diese Seite mit deinem Lieblingsduft.

Du hast momentan keine Hände frei. Achja, und einen Pfeil ins Knie bekommen hast Du auch.

Hebe das Buch ohne Deine Hände auf.

Schafft es Gordon Freeman endlich zu Half-Life 3?

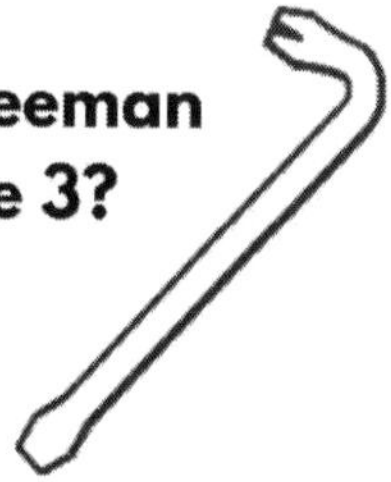

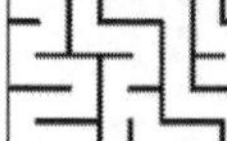

WANTED

DEAD OR ALIVE

ARTHUR MORGAN

Locke den Sheriff auf die falsche Fährte, indem Du das Bild des Gesuchten verfälschst.

Diese Lieblingssongs dürfen beim Zocken nicht fehlen.

1.

2.

3.

4.

5.

6.

X X X X X X X X X

X X X X X X X X X

Zeichne möglichst gerade Linien während einer Busfahrt, als Beifahrer oder während Du läufst und bring den Fiesling hinter Gitter. Die Linien dürfen sich nicht berühren.

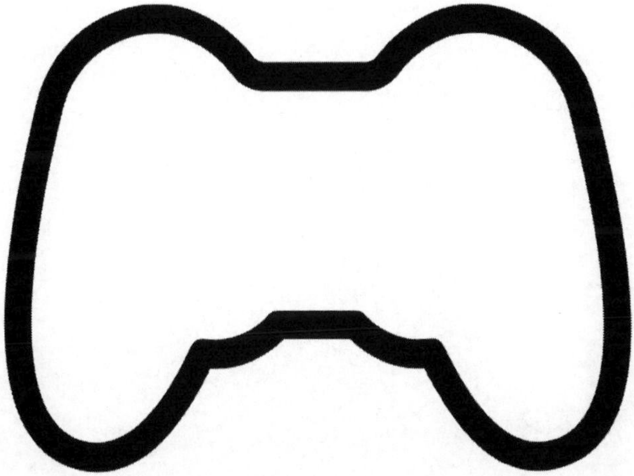

Gestalte, beklebe, bastle deinen eigenen Controller.

Schneide das Fenster aus und klebe ein
Foto / Bild mit einem anderen Ausblick
dahinter.

Füge zwei weitere Fingerabdrücke hinzu und mache daraus drei Spiele-Charaktere, die in Verbindung zueinander stehen.

Sonic verliert immer seine Ringe. Mache aus ihnen eine Kette.

ZEICHNE DAS SYMBOL VON ASSASSIN'S CREED ÜBER DIE GESAMTE SEITE.

KLEBE FEDERN AUF DIE SEITE.

Klebe Fotos deiner **Lieblingsmenschen**
in die Rahmen.

Game Over?

Nutze diese Seite, um Dampf abzulassen.

Schleife das Buch über den

Asphalt.

Elden Ring hat echt hässliche Gegner.

Klebe die Seiten zusammen!

Du glaubst echt, Dark Souls ist

SCHWER?

Dann schreibe fünfmal den Titel des Spiels nur mit dem Stift im Mund!

Stelle das Buch auf und schieße Ghost um.

VERKAUFE ODER TAUSCHE

diese Seite.

Klebe ein Foto Deiner Lieblings-Spielfigur auf.

Zeichne ein Labyrinth

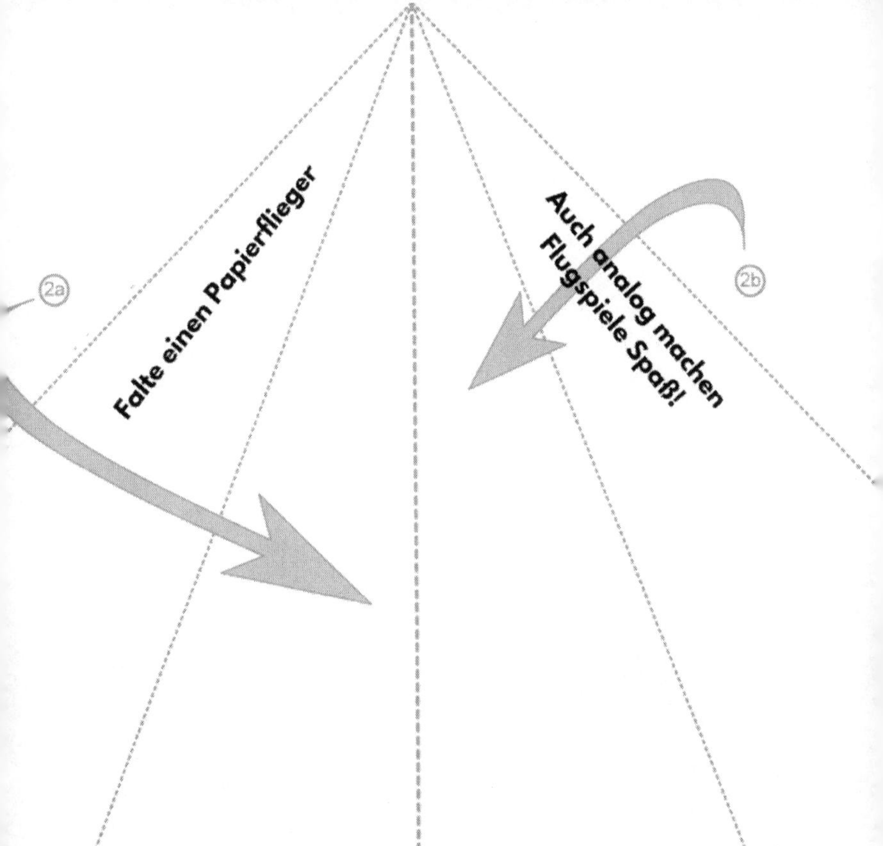
Falte einen Papierflieger
Auch analog machen Flugspiele Spaß!
2a
2b
3a
3b
1
4

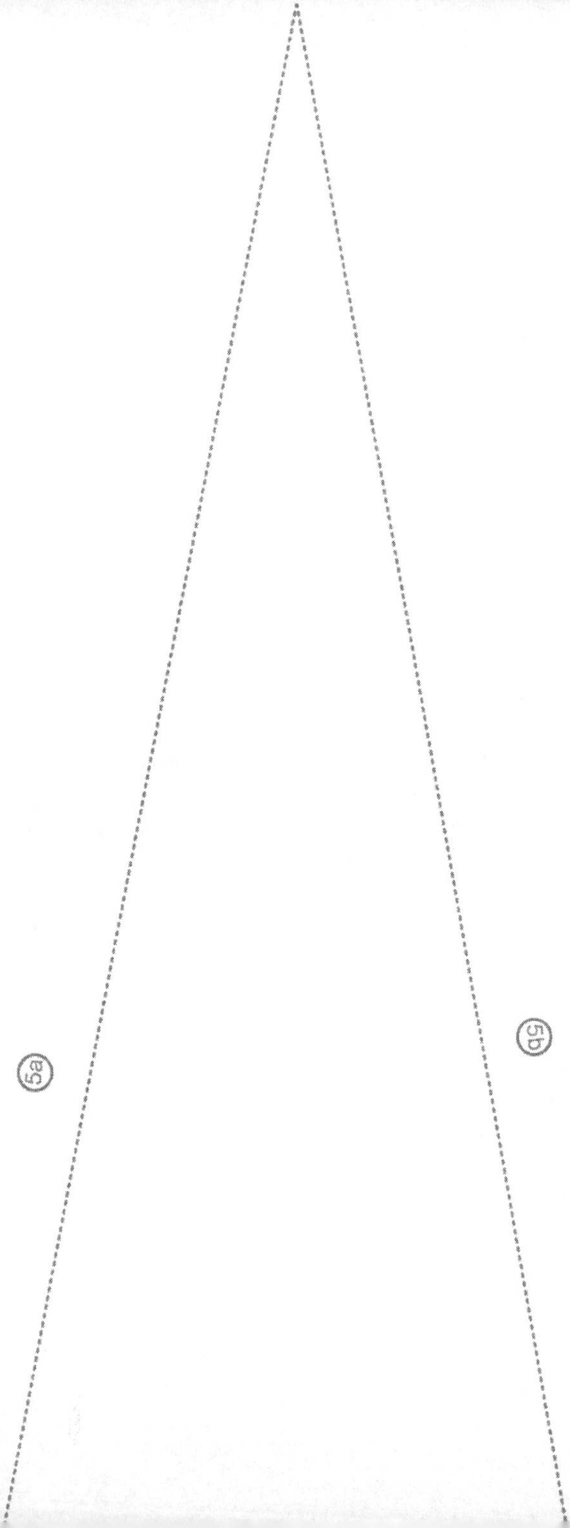
5a
5b

Mache Dein Inventar voll

und klebe Dinge auf.

Klebe etwas auf, das Du auf der Straße gefunden hast.

Alles ist hier so grau. Beklecke den Inkling mit Farbe.

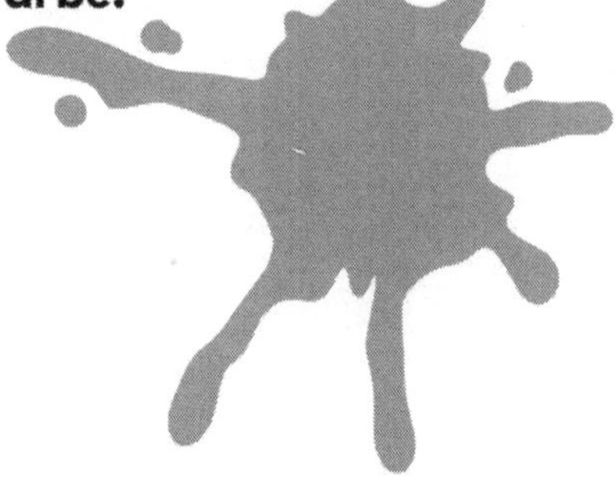

Bade zusammen mit Geralt.

Ein wildes Gengar erscheint! Male alles schwarz und die Augen rot, bis nur noch die Augen in dieser dunklen Höhle zu sehen sind.

Ataris E.T. the Extra-Terrestrial wird als das schlechteste Videospiel aller Zeiten angesehen.

Zerreiße die Seite und spüle sie in der Toilette herunter.

Heute ist nicht Dein Tag und Du bist sauer.

RICHTIG SAUER!

Loading...

Zeit für Gaming-Fakten.

Der sogenannte Schmuckhornfrosch wird aufgrund der rundlichen Erscheinung und des großen Mauls auch Pac-Man-Frosch genannt.

Laut Studien können Videospiele beim Umgang mit Depressionen hilfreicher sein, als etwa eine Behandlung. Das kommt natürlich auch auf den jeweiligen Menschen an.

Die Videospiele-Industrie generiert jährlich mehr Umsatz als die Film- und Musik-Industrie zusammen.

Spielt mehr Super Mario 64! Denn wenn man einer Studie glauben darf, fördert das zweimonatige Zocken des N64-Klassikers das räumliche und episodische Gedächtnis, was wiederum die Gehirnkapazität erhöht und Demenz vorbeugen kann.

Eine durchschnittliche Person kann 3 – 4 sich bewegende Objekte gleichzeitig wahrnehmen, während Spieler von Action-Titeln bis zu 6 – 7 Objekte wahrnehmen können.

Boah ist der fies!

Mach ihn mit Glitzer, Federn und Co. zum netten Monster.

ENTSPANN' MAL

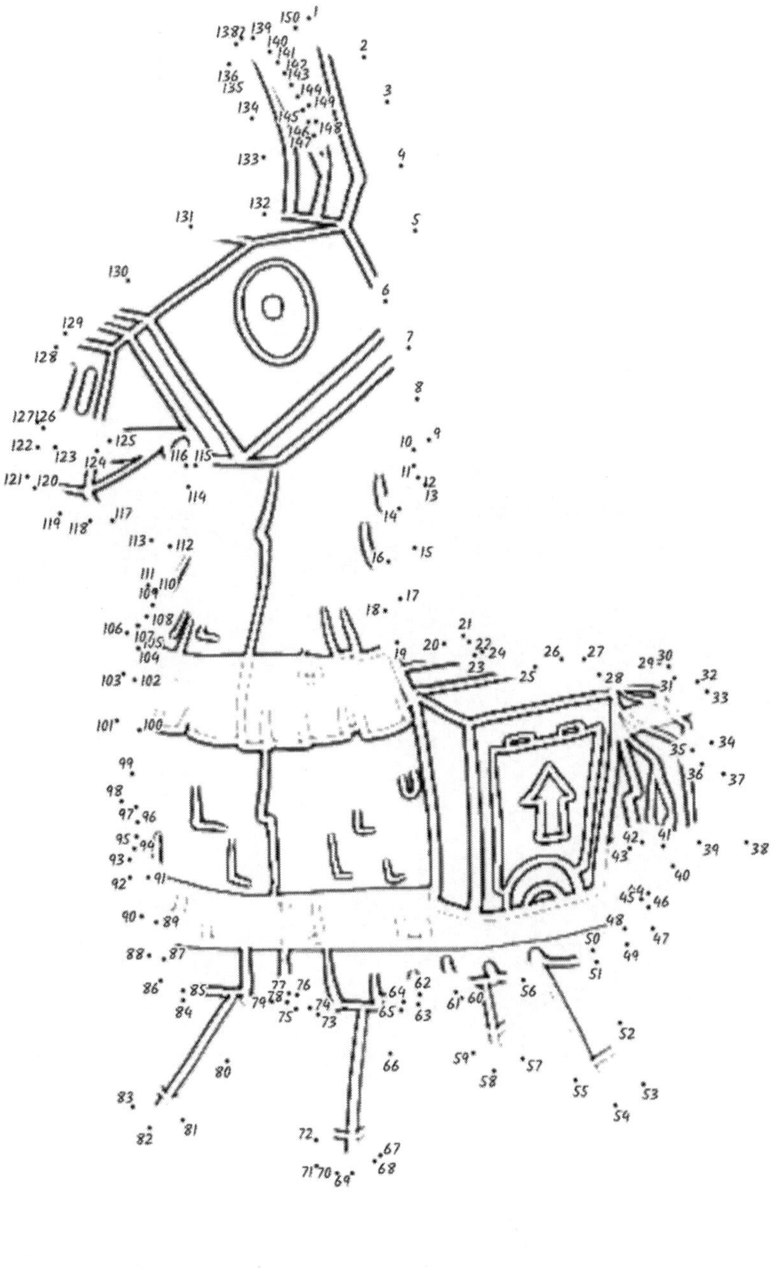

Kreuzworträtsel

Waagrecht

2.Welches Spiel hat Markus Persson erfunden?

4.Welches Spiel startet in New Junk City?

6.Welches Unternehmen veröffentlichte 1982 das Popeye-Arcade-Spiel?

10.Was ist die Weiterentwicklung von Pummeluff?

11.In welchem Spiel gibt es den Nanosuit?

13.Welche Farbe hat der Start-Button des N64?

15.Waffe aus Unreal Tournament

16.Welche Farbe hat der Bösewicht in Day of the Tentacle?

17.Wie heißt Resident Evil in Japan?

Senkrecht

1.Wo tritt man der Constellation bei?

3.In welchem Klassiker schickt man einen Frosch über die Straße?

5.Cate Archer ist aus welchem Spiel?

7.Third Echelon ist in welchem Spiel?

8.Wie heißt der Vater von Kratos?

9.In welchem NES-Spiel nutzt man die Zapper Gun?

12.In welchem Strategiespiel gibt es den Cobra Car Cheat?

14.Wie heißt Joels Tochter in The Last of Us?

Auflösung Seite 241

1
2
3
4
5
6
7
8
9
10
11
12
13
14
16

Du kämpfst gegen die Locust. Verteile eine rote Flüssigkeit, die wie Blutspritzer aussieht.

ACHTUNG, EIN CREEPER! GRABE EIN LOCH IN DIE ERDE UND VERSTECKE DORT DIESE SEITE.

Klebe Dinge aus der Natur hier auf.

FRIERE DIESE SEITE IRGENDWIE EIN.

Falte den Origami-Vogel aus Heavy Rain.

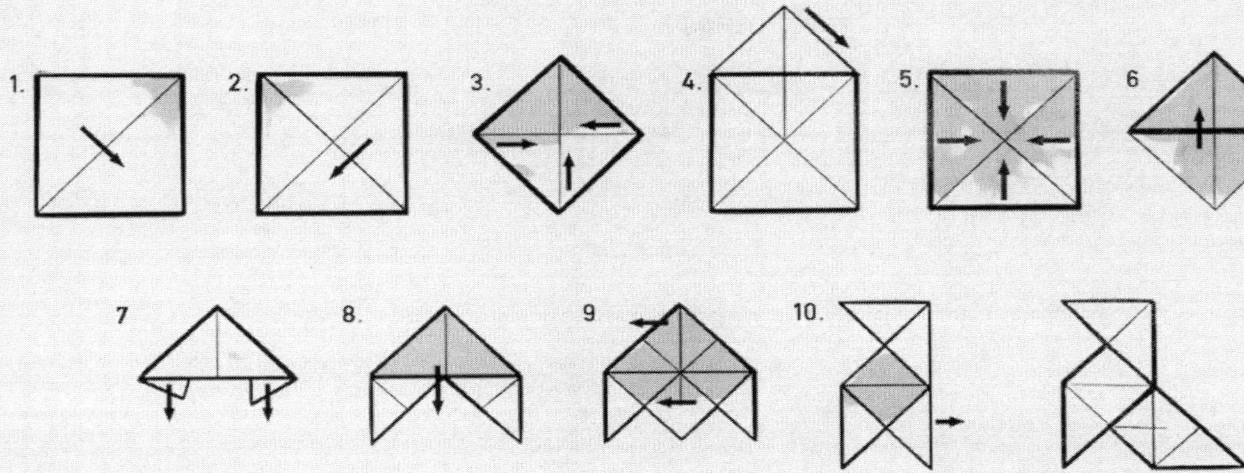

Verstecke

diese Seite irgendwo.

Entspann' Dich und male Adam Jensen aus.

Schneide die Seite in der Mitte durch, drehe sie und klebe sie über diesen Text wieder an. Summe dabei die Melodie von Tetris.

Bastle eine coole Rüstung aus verschiedenen Materialien und klebe sie auf.

Fahre mit dem Auto, Fahrrad oder irgendetwas, das Reifen hat, über diese Seite.

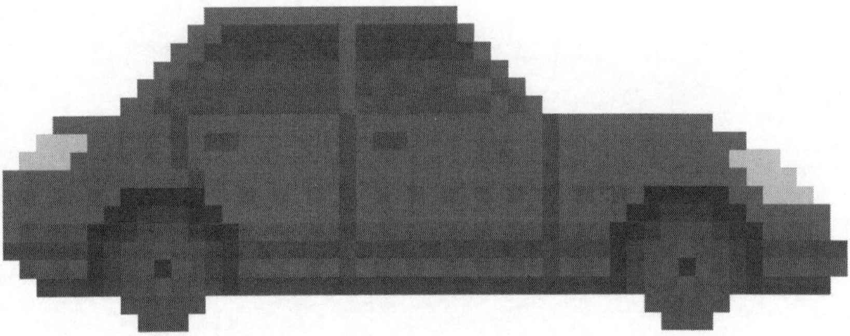

Nutze das Buch als Untersetzer.

Verschenke Deine Lieblingsseite aus dem Buch.

ZEICHNE

etwas aus Deinem zuletzt gespielten Game.

MALE DIE GRAFIK SCHNELL MIT **NASSER FARBE** NACH UND KLAPPE SOFORT DAS BUCH ZU, UM AUF DER ANDEREN SEITE EINEN IDENTISCHEN ABDRUCK ZU BEKOMMEN.

Klebe etwas Gefangenes auf.

Sackboy mag Nadel und Faden. Du auch!

Nutze das Buch für einen Hindernisparcours.

P.S. Du musst Dir schon selbst etwas einfallen lassen.

MACH DAS PIXELBILD FERTIG.

Schneide den Space Invader aus und klebe ihn an eine beliebige Stelle.

Binde ein Seil um das Buch und mach einen Spaziergang.

Dein Möbelstück wackelt. Nutze Buchseiten oder das ganze Buch zur Stabilisierung.

Cyberpunk-Katzen sind nicht erst seit Stray cool.
Ausmalen!

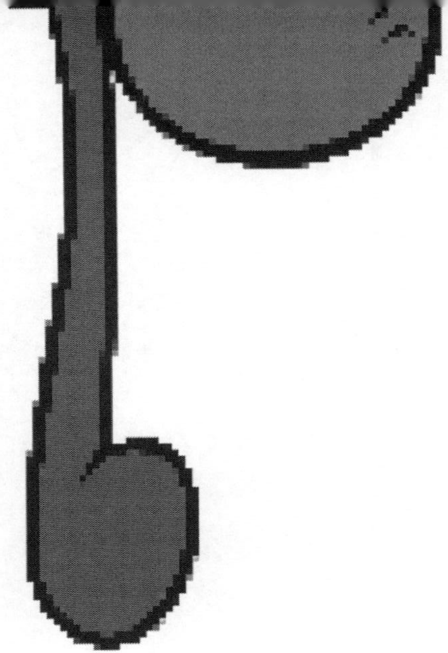

Male etwas mit Deiner Zunge.

KLEBE WIE IN KATAMARI GANZ VIEL ZEUGS ÜBER DIE SEITE UND NUTZE AUCH DIE GEGENÜBERLIEGENDE SEITE.

schrEibE
mit Zeitungsschnipseln die Titel Deiner Lieblings-Spiele.

↑ ↑ ↓ ↓ ← → ← → B A

Wenn Du einen Cheatcode für Dein Lieblingsspiel erfinden könntest, würde er wie folgt lauten:

Versuche ihn auch grafisch festzuhalten.

Finale Entscheidung

Zerstöre das ganze Buch oder verschone es.

Bonus-Quest freigeschaltet

Mache Werbung für Gaming Nonsense und hänge Seite 7 irgendwo auf. Oh, und wenn Dir das Buch gefallen hat, würde ich mich über eine Bewertung freuen.

Kritik ist auch gern gesehen: buch@sebj.de

Auflösung Kreuzworträtsel

Starfield: Wo tritt man der Constellation bei?
Crysis: In welchem Spiel gibt es den Nanosuit?
Knuddeluff: Was ist die Weiterentwicklung von Pummeluff?
Age of Empires: In welchem Strategiespiel gibt es den Cobra Car Cheat?
The Lost Vikings: Eines der ersten Spiele von Blizzard war?
PSP: Für welches System wurde Patapon veröffentlicht?
Sarah: Wie heißt Joels Tochter in The Last of Us?
Splinter Cell: Third Echelon ist in welchem Spiel?
Biohazard: Wie heißt Resident Evil in Japan?
GoodbyeDeponia: Ein Adventure aus Deutschland
NoOnLivesForever: Cate Archer ist aus welchem Spiel?
Lila: Welche Farbe hat der Bösewicht in Day of the Tentacle?
Rot: Welche Farbe hat der Start-Button des N64?
Rocket Launcher: Waffe aus Unreal Tournament
Zeus: Wie heißt der Vater von Kratos?
Earthworm Jim: Welches Spiel startet in New Junk City?
Nintendo: Welches Unternehmen veröffentlichte 1982 das Popeye-Arcade-Spiel?
Duck Hunt: In welchem NES-Spiel nutzt man die Zapper Gun?
Frogger: In welchem Klassiker schickt man einen Frosch über die Straße?
Minecraft: Welches Spiel hat Markus Persson erfunden?

Credits

Danke, dass Du **Gaming Quest** in Deinen Händen hälst. Ich hoffe, Du hast bzw. hattest Spaß an dem Spin-off der Buch-Reihe von **Gaming Nonsense**.

Das Mitmachbuch wollte ich ursprünglich nur für mich erschaffen, da ich mich wunderte, dass es im Gaming-Bereich noch nichts in dieser Richtung bis dato gab und ich einfach so richtig Lust darauf hatte.

Da das Projekt aber immer mehr wuchs und mir auch sehr viel Spaß bereitete, wollte ich es dann doch mit der Öffentlichkeit teilen. Ich weiß, dass diese Art von Buch nicht für jeden geeignet ist und es eine gewisse Überwindung braucht, ein Buch auch mal schlecht und auf eher unübliche Weise zu behandeln. Aber das macht eben ein solches Werk aus. Entweder man mag es oder man mag es nicht. ☺

Impressum

Autor: Sebastian Jäger (gamingnonsense.com)
E-Mail-Kontakt: buch@sebj.de
Covergestaltung: Sebastian Jäger

Hinweis
Die Texte wurden nach bestem Wissen und Gewissen verfasst und sorgfältig überprüft. Dennoch kann für eventuelle Fehler keine Garantie übernommen werden. Das Werk ist urheberrechtlich geschützt und bedarf für die Verwertung außerhalb der gesetzlich geregelten Fälle eine schriftliche Genehmigung des Autors.

Alle in diesem Buch erwähnten Markennamen sind Eigentum ihrer jeweiligen Eigentümer. Der Herausgeber / Autor des Buches steht in keinerlei Verbindung mit den genannten Produkten und Unternehmen.

Der Autor
Sebastian Jäger ist Autor, Journalist, Fotograf und Kreativjunkie. Seit 2004 veröffentlicht er vorwiegend online Texte, mit denen er – vor allem unter Synonymen - weltweit Millionen von Lesern erreicht hat.

ISBN: 9798854096010

Imprint: Independently published

Die Deutsche Nationalbibliothek verzeichnet diese Publikation in der Deutschen Nationalbibliografie; detaillierte bibliografische Daten sind im Internet über dnb.dnb.de abrufbar.

Printed in Poland
by Amazon Fulfillment
Poland Sp. z o.o., Wrocław

45114351R00139